¿De dónde viene?

De la semilla a la mermelada

por Penelope S. Nelson

Bullfrog
en español

Ideas para padres y maestros

Bullfrog Books permite a los niños practicar la lectura de textos informativos desde el nivel principiante. Las repeticiones, palabras conocidas y descripciones en las imágenes ayudan a los lectores principiantes.

Antes de leer
- Hablen acerca de las fotografías. ¿Qué representan para ellos?
- Consulten juntos el glosario de las fotografías. Lean las palabras y hablen de ellas.

Durante la lectura
- Hojeen el libro y observen las fotografías. Deje que el niño haga preguntas. Muestre las descripciones en las imágenes.
- Léale el libro al niño o deje que él o ella lo lea independientemente.

Después de leer
- Anime al niño para que piense más. Pregúntele: Se puede hacer mermelada de varias frutas. ¿Puedes nombrar los diferentes tipos de mermelada?

Bullfrog Books are published by Jump!
5357 Penn Avenue South
Minneapolis, MN 55419
www.jumplibrary.com

Library of Congress Cataloging-in-Publication Data

Names: Nelson, Penelope, 1994– author.
Title: De la semilla a la mermelada / por Penelope S. Nelson.
Other titles: From seed to jam. Spanish
Description: Minneapolis, MN: Jump!, Inc., [2021]
Series: ¿De dónde viene? | Includes index.
Audience: Ages 5–8 | Audience: Grades K–1
Identifiers: LCCN 2020022580 (print)
LCCN 2020022581 (ebook)
ISBN 9781645276074 (hardcover)
ISBN 9781645276081 (paperback)
ISBN 9781645276098 (ebook)
Subjects: LCSH: Jam—Juvenile literature.
Strawberries—Preservation—Juvenile literature.
Classification: LCC TX612.J3 N4518 2021 (print)
LCC TX612.J3 (ebook) | DDC 641.4/2—dc23

Editor: Jenna Gleisner
Designer: Anna Peterson
Translator: Annette Granat

Photo Credits: Volosina/Shutterstock, cover; beboy/Shutterstock, 1; Moon Light PhotoStudio/Shutterstock, 3; a454/Shutterstock, 4; Bukhta Yurii/Shutterstock, 5; Nelli Syrotynska/Shutterstock, 6, 22tl; g215/Shutterstock, 6–7, 22tr; Androniques/Dreamstime, 8–9, 22mr, 23bl; Inti St Clair/Getty, 10, 22br, 23tl; kameleon777/iStock, 11 (top); Alekseykolotvin/Shutterstock, 11 (bottom); Westend61/Getty, 12–13 (pot); NIKCOA/Shutterstock, 12–13 (sugar); New Africa/Shutterstock, 12–13 (lemons); Jeremy Reddington/Shutterstock, 12–13 (background); margouillat photo/Shutterstock, 14; Nitr/Shutterstock, 15; ppart/Shutterstock, 16–17 (pot), 22bl, 23tr; traction/Shutterstock, 16–17 (strawberries), 22bl, 23tr, 23br; Sheila Fitzgerald/Dreamstime, 18–19; Maja Marjanovic/Shutterstock, 19, 22ml; Hill Street Studios/Getty, 20–21 (stand); CL Shebley/Shutterstock, 20–21 (jams); lozas/Shutterstock, 24.

Printed in the United States of America at Corporate Graphics in North Mankato, Minnesota.

Tabla de contenido

Dulce y afrutada 4

De la fruta a la mesa 22

Glosario de fotografías 23

Índice 24

Para aprender más 24

Dulce y afrutada

A Jenny le encanta la mermelada. ¿De dónde viene ésta?

fresa

¡De las frutas!

¿Como cuáles?

¡Fresas!

5

Ellas empiezan como semillas pequeñitas.

Se convierten en plantas.

semillas

plantas

Las fresas crecen.

Maduran.

Las recolectamos.

Enjuagamos las fresas.

olla

Las cortamos.

Las ponemos en una olla.

jugo de
limón

azúcar

12

Les añadimos azúcar.

Lo siguiente es
el jugo de limón.

¡Revolvemos!

¡Podemos usar otras bayas!

¿Como cuáles?

Zarzamoras.

zarzamora

14

Frambuesas también.

frambuesa · · · · ▶

Calentamos la mezcla.

Esta hierve.

¡Se convierte
en mermelada!

frasco

18

La echamos en frascos.

Se enfría.

Tom se la pone
en su pan tostado.

¡Mmm!

Maggie vende algunas.
¿Te gusta la mermelada?

PUESTO DE GRANJA ORGÁNICA

21

De la fruta a la mesa

¿Cómo llega la mermelada de fresa a nuestras mesas?

1. Se siembran las semillas de fresa.

2. Estas se convierten en plantas. Las fresas crecen.

3. Se recolectan las fresas maduras.

4. Se enjuagan las fresas, se cortan y se mezclan con otros ingredientes.

5. Se hierve la mezcla, y ésta se convierte en mermelada.

6. Se pone en frascos, se espera a que se enfríe y ya está lista para comerse.

Glosario de fotografías

enjuagamos
Nos deshacemos de la tierra
al lavar algo con agua limpia.

hierve
Se calienta hasta el punto
en que salen burbujas.

maduran
Cuando las frutas se desarrollan
completamente y están listas para
ser recolectadas.

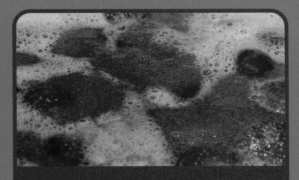

mezcla
Una combinación de cosas
diferentes mezcladas juntas.

Índice

cortamos 11

enjuagamos 10

frambuesas 15

frascos 19

fresas 5

hierve 16

olla 11

pan tostado 19

plantas 6

recolectamos 9

semillas 6

zarzamoras 14

Para aprender más

Aprender más es tan fácil como contar de 1 a 3.

❶ Visita www.factsurfer.com

❷ Escribe "delasemillaalamermelada" en la caja de búsqueda.

❸ Elige tu libro para ver una lista de sitios web.